Ernestine Fittkau

REIHENSCHNITTE

Motive rund ums Jahr

CHRISTOPHORUS
BRUNNEN-REIHE

Inhalt

3 Bunte Reihenschnitte & Fensterketten

4 Material & Hilfsmittel

5 Technik

6 Hühner

8 Ostern

10 Mexiko

12 Frösche

15 Lebkuchen-Bäcker

16 Schiff ahoi!

18 Katzen & Mäuse

20 Halloween

22 Rabenfamilie

24 Igel im Herbstlaub

26 Weihnachten

28 Weihnachtsengel

30 Winterwald

Bunte Reihenschnitte & Fensterketten

Ein dekoratives Fensterbild ist immer schön, wenn es jedoch gleich mehrfach vorkommt, wirkt es noch eindrucksvoller. Reihenschnitte, Bandornamente und Fensterketten sind daher Garanten für schöne und stimmungsvolle Fenster.

In diesem Buch stelle ich Ihnen neue Motive fürs ganze Jahr in den klassischen Basteltechniken vor. Einige Reihenschnitte lassen sich sehr gut kombinieren wie die frechen Osterhasen mit den witzigen Möhren, die Kakteen mit den strahlenden Sommersonnen oder die fröhlichen Frösche mit den eleganten Seerosen. Sogar Katz' und Maus vertragen sich hier ausgezeichnet. Also reihenweise lustig bunte Motive fürs Kinderzimmer und für jeden ist sicher etwas dabei!

Passen Sie die vorgestellten Motive Ihren Fenstern individuell an. Verlängern oder verkürzen Sie die Reihenschnitte und Fensterketten nach Belieben, sie eignen sich auch für sehr große Fenster, zum Beispiel im Kindergarten.

Ich wünsche Ihnen viel Freude beim Basteln und beim Betrachten Ihrer schön geschmückten Fenster.

Ihre Ernestine Fittkau

Material & Hilfsmittel

Papier

Die Reihenschnitte und Fensterketten bestehen aus Fotokarton (300 g/qm), Universalkarton (220 g/qm), Primavera-karton (Karton mit Prägedekor, 220 g/qm), bedrucktem Motiv-Bastelkarton (200-300 g/qm) und Tonpapier (130 g/qm). Für aufgeklebte Details wird auch Bastel-Wellpappe und extra starkes Transparentpapier (120 g/qm) verwendet.

Ausschmückende Materialien

Die Motive werden ausgeschmückt mit Naturbast, Wackelaugen, Marabufedern, Holzstreuteilen, Holzperlen, Rocailles, Color-Sand, Silberdraht, geglühtem Draht, Papierkordeln, Chenilledraht, Satinband, Silberglöckchen, Trockenblumen und Pompons. Moosgummireste dienen als Abstandhalter, um Motivteile hervorzuheben. Mit dem Pluster-Pen können Linien und Punkte plastisch betont werden.

Werkzeuge

Eine gut schneidende Papierschere, eine kleine, spitze Silhouettenschere sind für ein sauberes Ausschneiden der Motive wichtig. Kinder verwenden eine Schere mit abgerundeten Spitzen. Vereinzelt ist auch ein Cutter mit Schneideunterlage hilfreich, er gehört nicht in Kinderhände. Draht lässt sich mit einem kleinen Seitenschneider oder einer Kombizange schneiden. Für einige Objekte benötigen Sie Zierrandscheren und Motivlocher, zum Aufplustern der Farbe aus dem Pluster-Pen einen Föhn.

Klebstoffe

Als Klebstoff eignet sich ein Alleskleber wie UHU Alleskleber extra. Zum Verkleben von Transparentpapieren empfiehlt es sich, einen Klebestift zu verwenden, z. B. UHU stic.
Zum Anbringen von ausschmückenden Teilen wie Bastschleifen oder Kordeln ist eine Klebepistole wie die UHU pistole LT 110 sehr nützlich. Sie arbeitet mit niedrigerer Temperatur als die üblichen Heißklebepistolen und kann auch von älteren Kindern unter Aufsicht gut bedient werden. Die verklebten Teile halten sofort zusammen, dafür muss man die Teile schnell zusammenfügen, sonst ist der Klebstoff abgehärtet. Schnell und einfach lassen sich Drähte auch mit Klebefilm fixieren. Für das Basteln mit Color-Sand benötigen Sie als Basis doppelseitige Klebefolie, die es als Meterware gibt.

Hilfsmittel

Bleistift, Kohlepapier, Transparent- oder Architektenpapier zum Übertragen der Vorlagen, dünner Karton für Schablonen, Lineal, Falzbein, Hefter mit Heftklammern.

Technik

1 Für jeden Reihenschnitt eine Schablone anfertigen: Das Motiv entweder mit Kohlepapier auf dünnen Karton übertragen und ausschneiden, oder das Motiv auf Transparentpapier pausen, flächig auf Karton kleben und ausschneiden.

2 Zur Herstellung des Faltbandes Höhe und Breite des Motivs auf dem Vorlagebogen exakt abmessen. Einen Papierstreifen zuschneiden, dessen Breite der Höhe des Motivs entspricht.

3 Den Papierstreifen ziehharmonikaartig falten. Damit die Faltenbreite (= Breite des Motivs) immer gleich wird, die Faltlinien mit Bleistift und Lineal leicht anzeichnen und mit Lineal und Falzbein vorfalzen. Die Kanten der gefalteten Ziehharmonika sollten aufeinander liegen.

4 Das Reihenschnittmotiv mit Hilfe der Kartonschablone auf die oberste Lage übertragen. Die Ecken außerhalb des Motivs mit dem Hefter fixieren.

5 Die Umrisse des Motivs ausschneiden, dabei die Stege an beiden Seiten stehen lassen.

6 Den Reihenschnitt aufziehen und mit den ausschmückenden Teilen bekleben.

Tipps

Für alle Motive genügt die lange Seite eines Tonpapiers, also 70 cm. Wollen Sie einen Reihenschnitt verlängern, fertigen Sie ein weiteres Motiv an und kleben Sie beide Teile aneinander.

Einige Reihenschnitte eignen sich auch als Tischdekoration, z. B. die Osterhasen und Möhren, die Kakteen oder die Katzen und Mäuse.

Anleitung Seite 15

Hühner

Material

- Tonpapier in Gelb, Grün, Rot, Orange
- Bastelkarton mit Punkten in Blau, Rot, Gelb
- Bastelkarton mit Streifen
- Wackelaugen, 15 mm ∅
- Silberdraht

1 Eine Schablone des Motivs nach der Anleitung von Seite 5 herstellen.

2 Gelbes Tonpapier falten. Die Schablone auflegen, ihre Umrisse nachzeichnen und ausschneiden.

3 Die Hühner ausgestalten. Schleifen auf die Vorderseite, Federn auf die Rückseite der Herzen kleben. Papier-Eier mit Draht am Hauptmotiv befestigen.

Vorlage A

Ostern

Material

Osterhasen

- Universalkarton in Hellbraun
- Bastelkartons in Rot-Weiß
- Tonpapier in Grün
- Bast in Grün
- Wackelaugen, 5 mm ∅
- Perlen in Rot, 5 mm ∅
- Pluster-Pen in Rot

Möhren

- Fotokarton in Braun
- Universalkarton in Orange
- Tonpapier in Gelb
- Hornveilchen (Trockenblumen)
- Bast in Grün
- Pluster-Pen in Rot
- Wackelaugen, 5 mm ∅
- Color-Sand in Braun, Grün
- doppelseitige Klebefolie

Anleitung Seite 10

Vorlage B

Material

- Primavera-Karton in Grün, Gelb, Rot
- Tonpapier in Hellbraun
- Moosgummirest
- Wackelaugen, 5 mm ∅
- 6 Holzperlen in Rot, 5 mm ∅
- Locher

Vorlage C

Mexiko

1 Die Reihenschnitte nach der Grundanleitung von Seite 5 ausarbeiten und der Abbildung entsprechend gestalten.

2 Die Gesichter der Kakteen mit Moosgummi als Abstandhalter fixieren. Stacheln mit Filzstift andeuten.

Ostern

Abbildung & Materialangaben Seite 8

1 Die Reihenschnitte wie auf Seite 5 beschrieben ausarbeiten.

2 Für die Schneckenhäuser aus doppelseitigem Klebefilm jeweils zwei Kreise ausschneiden. Den großen Kreis auf die Schnecke kleben und die Deckfolie abziehen. Den kleinen Kreis in die Mitte des großen Kreises kleben, die Deckfolie zunächst nicht entfernen. Den großen Kreis mit farbigem Sand bestreuen, festdrücken, Reste auf ein Papier schütteln. Die Deckfolie des kleinen Kreises abziehen und andersfarbigen Sand auftragen.

Frösche

Material

Frösche mit Noten

- Fotokarton in Grün, Schwarz
- Motiv-Bastelkarton „Frösche“ in Grün und Beige
- Papierkordel in Grün, jeweils 15 cm
- Wackelaugen, 18 mm ∅

Froschkönige

- Tonpapier in Gelb, Grün, Gold
- Satinband in Grün, 5 mm breit, für jeden Frosch 30 cm
- Geglühter Draht, jeweils 8 cm (Arme) und 6 cm (Krone)
- Wackelaugen, 18 mm ∅

Seerosen

- Fotokarton in Grün, Flieder
- Universalkarton in Gelb
- Primavera-Transparentpapier in Flieder
- Transparentpapier mit Streifen in Grün
- dünner Perlondraht
- Rocailles in Perlmutt-Hellgrün, 2,6 mm ∅
- Zierrandschere

Anleitung siehe Seite 14

Vorlage D

Frösche

Abbildung & Materialangaben Seite 12

Frösche mit Noten

1 Die Frösche vom Vorlagebogen übertragen, ausschneiden und der Abbildung entsprechend zusammenkleben.

2 Die Papierkordeln für Arme und Beine auf der Rückseite fixieren, Hände und Füße anbringen. Wackelaugen aufkleben, Mund und Nase mit Filzstift zeichnen.

3 Die Frösche mit den Noten zu einer Fensterkette verbinden.

Froschkönige

1 Eine Schablone nach der Anleitung von Seite 5 anfertigen.

2 Gelbes Tonpapier falten, Schablone auflegen, Umrisse nachzeichnen und ausschneiden.

3 Frösche und „Goldkugeln" ausarbeiten.

Seerosen

1 Die Grundform der Seerosenblüten in Reihenschnitt-Technik aus fliederfarbenem Fotokarton schneiden. Die übrigen Teile nach den Vorlagen ausschneiden.

2 Die gelben Blütenstempel mit der Zierrandschere nachschneiden und zusammen mit den Blütenblättern aufkleben. Grüne Blätter an der Rückseite anbringen. Für das Schilf gestreiftes Transparentpapier fein einschneiden und hinter den Blüten befestigen. Jeweils eine Perle auf Perlondraht fädeln und festknoten. Den Perlonfaden leicht knicken und mit Klebefilm an der Rückseite der Blätter befestigen.

Schiff ahoi!

Abbildung & Materialangaben Seite 16

Segelboote

1 Eine Schablone des Motivs anfertigen (s. Seite 5), auf gefalteten Bastelkarton übertragen und ausschneiden.

2 Die Segel quer- bzw. längsgestreift ausschneiden und zusammen mit den Möwen aufkleben.

Fische & Tintenfische

1 Das Motiv in Reihenschitt-Technik aus Bastelkarton schneiden.

2 Für die Tintenfischarme gestreiftesTransparentpapier nach der Vorlage ausschneiden und an die Rückseite der Tintenfische kleben. Die Flossen der Fische aus Tonpapier schneiden und fixieren. Die Gesichter mit Filzstift zeichnen.

Lebkuchen-Bäcker

Abbildung Seite 5

1 Das Motiv in Reihenschitt-Technik aus ockerfarbenem Bastelkarton ausschneiden. Einzelteile nach den Vorlagen schneiden.

2 Mützen und Mandeln aufkleben. Die Figuren mit Filzstift und Pluster-Pen ausarbeiten.

3 Für die Säckchen Stoff- und Filzstreifen in der Mitte falten und mit Satinband abbinden. Drähte über einen Bleistift drehen und mit Klebefilm oder Klebepistole an den Schmuckteilen und an den Figuren fixieren.

Lebkuchen-Bäcker

Material

- Universalkarton in Ocker
- Tonpapier in Rot, Bordeaux, Braun, Grün
- Primavera-Karton in Weiß
- Filz in Rot, 2 St. à 20 x 7 cm
- Baumwollstoff mit Weihnachtsmotiven, 2 St. à 9 x 10 cm
- Satinband in Rot, 4 St. à 40 cm
- Mini-Holzteile wie Wellholz, Mehlsieb
- Pluster-Pen in Gelb
- Geglühter Draht
- Motivlocher „Ei“

Vorlage E

Schiff ahoi!

Material

Segelboote

- Fotokarton in Weiß
- Universalkarton in Blau
- Bastelkarton mit Streifen

Fische & Tintenfische

- Universalkarton in Grün
- Tonpapier in Rot, Gelb, Orange, Blau
- Color-Transparentpapier mit Streifen in Gelb, Grün, Blau, Orange, Rot

Anleitung Seite 15

Vorlage F

Katzen & Mäuse

Material

Katzen

- Universalkarton in Grün
- Tonpapier in Violett, Flieder, Dunkelviolett
- Satinband in Weiß, 5 mm breit
- Silberglöckchen
- Zierrandschere

Mäuse

- Fotokarton in Flieder
- Motiv-Bastelkarton „Mäuschen"
- Tonpapier in Grau
- Klebepunkte in Weiß, Schwarz, 12 mm ∅
- Chenilledraht in Rosa
- Doppelseitige Klebefolie
- Color-Sand in Violett und Grau

Vorlage G

Katzen

1 Eine Schablone der Katze anfertigen (s. Seite 5), auf gefaltetes Tonpapier übertragen und ausschneiden.

2 Die Katzen ausgestalten und mit Bändchen und Silberglöckchen dekorieren.

3 Für das grüne Band den Karton falten, die Kanten anzeichnen und mit der Zierrandschere ausschneiden.

Mäuse

1 Mäuse und Band in Reihenschitt-Technik aus Tonpapier bzw. Fotokarton ausschneiden. Mäuse ausgestalten.

2 Steinformen auf doppelseitiges Klebeband zeichnen. Einen „Stein" aufkleben und die Deckfolie abziehen. Den zweiten Stein leicht überlappend darüberkleben, jedoch die Deckfolie nicht abziehen. Den Sand dicht auf das abgezogene Klebeband streuen, andrücken und Reste auf ein Papier schütteln. Die Deckfolie des zweiten Steins abziehen und Sand aufstreuen.

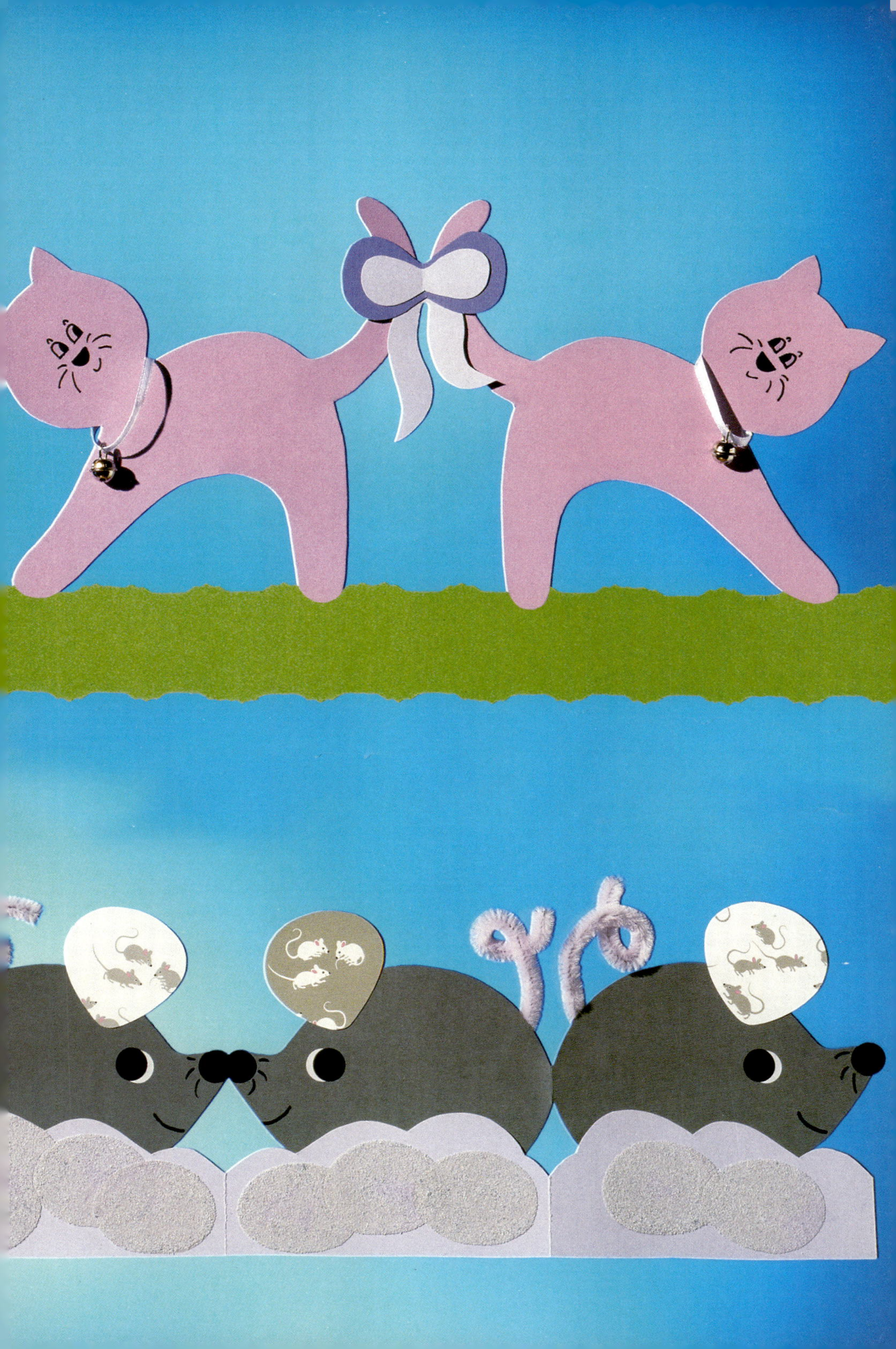

Halloween

Material

- Fotokarton in Weiß, Gelb, Rot, Blau, Grün
- Bastelkartons mit Halloweenmotiven
- Tonpapier in Orange
- Silberdraht

Anleitung Seite 22

Vorlage H

Rabenfamilie

Material

- Fotokarton in Rot, Schwarz, Braun und in verschiedenen Grüntönen
- Universalkarton in Schwarz, Gelb
- Primavera-Karton in Gelb
- Wellpappe in Braun
- Bast in Grün, Natur
- Geglühter Draht
- Wackelaugen, 18 mm, 10 mm ∅
- Wackelaugen, 12 mm ∅
- Marabufedern in Gelb

Vorlage I

1 Alle Teile nach den Vorlagen ausschneiden.

2 Die Raben der Abbildung entsprechend ausarbeiten.

3 Die kleinen Raben auf das Nest aus Wellpappe kleben und einen Henkel aus mehreren Bastfäden anbringen. Das Nest mit Bastschleife, Feder und Kirschen dekorieren.

Halloween

Abbildung & Materialangaben Seite 20

1 Eine Schablone der Flaschenkürbisse anfertigen (s. Seite 5), auf gefaltetes Tonpapier übertragen und ausschneiden. Die übrigen Teile vom Vorlagebogen direkt übertragen und ausschneiden.

2 Die Flaschenkürbisse der Abbildung entsprechend ausgestalten. Einzelne aufgedruckte Motive wie Katze, Spinne und Kürbis aus den entsprechenden Bastelkartons schneiden und mit Draht und Klebefilm zwischen den Kürbissen befestigen.

3 Den Kopf des schwarzen Gespensts aus weißem Fotokarton, den Körper aus Katzenaugen-Karton ausschneiden, beide Teile zusammenkleben und die Klebenaht mit einem Schal überdecken. Gesicht mit Filzstift gestalten.

4 Das andere Gespenst entsprechend aus weißem Fotokarton und Gruselwald-Karton anfertigen.

5 Beide Gespenster mit Draht und Klebefilm an den Kürbissen befestigen.

Igel im Herbstlaub

Material

- Fotokarton in Grün, Hellbraun, Braun
- Tonpapier in Rot, Orange, Ocker, Hell- und Dunkelgrün, Hell- und Dunkelgelb, Braun
- Bastelkarton mit Karos
- Wackelaugen, 15 mm ∅
- Moosgummirest oder Klebepad (Abstandhalter)
- Silberdraht
- Geglühter Draht
- Cutter

Vorlage J

1 Zwei Igel in Reihenschnitt-Technik ausschneiden (s. Seite 5), einen dritten Igel einzeln anfertigen. Die übrigen Teile nach den Vorlagen direkt oder mit Hilfe von Schablonen übertragen und ausschneiden.

2 Stachelkleider mit Abstandhalter aufkleben. Den dritten Igel an den anderen Igeln fixieren. Igel und Äpfel ausgestalten. Die Äpfel mit Draht an die Rückseiten der Igel kleben.

3 Die Herbstblätter aneinander kleben. Vor dem Zusammenkleben der Kastanienigel die Stacheln mit dem Cutter v-förmig einschneiden und leicht nach oben biegen. Mit Draht an den Igeln befestigen.

Weihnachten

Abbildung & Materialangaben Seite 26

1 Das grüne Band und die Weihnachtsmänner in Reihenschnitt-Technik (s. Seite 5) ausschneiden, die übrigen Motivteile direkt oder mit Hilfe von Schablonen vom Vorlagebogen übertragen und ausschneiden.

2 Die Teile der Abbildung entsprechend aufeinander kleben. Das Band mit Streusternen dekorieren. Engel und Tannenbaum mit Draht an der Rückseite des Bandes fixieren.

Tipp: Motivlocher verwenden, z. B. für Sterne oder für die Mandeln der Lebkuchen.

Weihnachten

Material

Band mit Schleifen

- Fotokarton in Rot, Grün, Gold
- Universalkarton in Grün, Gelb, Orange, Blau
- Sternchenkarton
- Motivlocher „Stern"
- Streusterne in Gold
- Geglühter Draht

Weihnachtsmänner

- Universalkarton in Weiß, Blau, Orange, Hellbraun, Hellgrün, Gelb
- Tonpapier in Rot, Braun, Hautfarbe und in zwei verschiedenen Grüntönen
- Bastelkarton mit Streifen in Rot-Weiß
- Wackelaugen, 12 mm ∅
- Bast in Natur
- Silberdraht
- Zierrandschere

Vorlage K

Weihnachtsengel

Material

- Tonpapier in Silber, Hautfarben, Grün, Hellblau
- Primavera-Karton in Gelb
- Silberdraht
- Feenhaar in Silber
- Streusterne in Gold
- Pluster-Pen in Rot
- Marabufedern in Blau
- Motivlocher „Stern“

Vorlage L

1 Alle Teile nach den Vorlagen ausschneiden.

2 Den Engel ausgestalten. Feenhaar mit Silberdraht zusammenbinden und auf dem Kopf fixieren. Den Kopf auf das gelbe Kleid, Flügel, Marabufedern und Beine auf die Rückseite kleben. Das Kleid mit gestanzten Sternen schmücken.

3 Das Gesicht aufmalen und die Wangen mit Pluster-Pen andeuten.

Winterwald

Abbildung & Materialangaben Seite 30

1 Eine Schablone des Motivs nach der Anleitung von Seite 5 herstellen.

2 Das Tonpapier falten. Die Schablone auflegen, ihre Umrisse nachzeichnen und ausschneiden.

3 Die Schneemänner ausgestalten: Mützen, Pompons, Schals und Nasen aufkleben. Die Wangen mit Pluster-Pen auftupfen, Augen und Mund mit Filzstift zeichnen.

4 Die Tannenbäume mit Schneekappen, Säcken und Geschenkpaketen ausgestalten. Die Schneemänner hinter die Tannen kleben.

Winterwald

Material

Schneemänner

- Tonpapier in Weiß
- Motiv-Bastelkarton in Blau mit Herzen, Karos, Blumen
- Pompons in Rot, 20 mm ∅
- Pluster-Pen in Rot

Tannen

- Tonpapier in Rot, Hell- und Dunkelgrün
- Universalkarton in Weiß, Orange, Blau
- Motivbastelkarton in Blau mit Karos, Herzen
- Bast in Grün, Blau und Natur

Anleitung Seite 28

Vorlage M

Impressum

ISBN 3-419-56386-8

Lektorat und Produktion:
Elke Fox, Freiburg

Styling und Fotos:
Christoph Schmotz, Freiburg

Covergestaltung und Layoutentwurf:
Network!, München

Coverrealisierung:
smp, Freiburg

Druck:
Freiburger Graphische Betriebe

Wir sind für Sie da, wenn Sie Fragen haben. Und wir interessieren uns für Ihre eigenen Ideen und Anregungen. Schreiben Sie uns, wir hören gerne von Ihnen!

Ihr Christophorus-Verlag

Christophorus-Verlag GmbH
Hermann-Herder-Str. 4
79104 Freiburg
Tel.: 0761/ 27 17-0
Fax: 0761/ 27 17-3 52
oder e-mail:
info@christophorus-verlag.de

Aus der Brunnen-Reihe

3-419-56342-6

3-419-56321-3

3-419-56265-9

3-419-56154-7

3-419-56221-7